BEI GRIN MACHT SICH IHR WISSEN BEZAHLT

Jasmin Ostermeyer

Platons "Politeia": Sonnen- und Liniengleichnis (Kurzreferat)

GRIN Verlag

Bibliografische Information der Deutschen Nationalbibliothek:

Die Deutsche Bibliothek verzeichnet diese Publikation in der Deutschen National-
bibliografie; detaillierte bibliografische Daten sind im Internet über http://dnb.d-
nb.de/ abrufbar.

Impressum:

Copyright © 2005 GRIN Verlag GmbH
Druck und Bindung: Books on Demand GmbH, Norderstedt Germany
ISBN: 978-3-656-44866-2

Dieses Buch bei GRIN:

http://www.grin.com/de/e-book/45295/platons-politeia-sonnen-und-liniengleichnis-
kurzreferat

GRIN - Your knowledge has value

Der GRIN Verlag publiziert seit 1998 wissenschaftliche Arbeiten von Studenten, Hochschullehrern und anderen Akademikern als eBook und gedrucktes Buch. Die Verlagswebsite www.grin.com ist die ideale Plattform zur Veröffentlichung von Hausarbeiten, Abschlussarbeiten, wissenschaftlichen Aufsätzen, Dissertationen und Fachbüchern.

Besuchen Sie uns im Internet:

http://www.grin.com/

http://www.facebook.com/grincom

http://www.twitter.com/grin_com

Universität Hannover
Philosophisches Seminar
PS Platon
SoSe 2005

Platons *Politeia*: Sonnen- und Liniengleichnis

Referatsausarbeitung

Inhalt

1. Einleitung

Wie ist Erkenntnis möglich, auf welche Weise kann der Mensch zur Erkenntnis gelangen? Immer wieder geht Platon in seinen Schriften auf diese Frage ein, auch gehört sie zu den behandelten Problemen in seiner *Politeia*. In dem wohl bekanntesten Teil des Werks, dem Höhlengleichnis, beschreibt er den Weg des Menschen aus der Unwissenheit zur Erkenntnis als Aufstieg in einer düsteren Höhle gefangener Mensch zum hellen Tageslicht an der Erdoberfläche. Vorbereitet wird dieser Vergleich von zwei vorangestellten Bildern: dem Sonnen- und dem Liniengleichnis. Sie definieren die höchste Erkenntnis und zeigen bereits die Methode auf, mit der sie erlangt werden kann.

Auch wenn die Textpassage 504a-511e[1] das eigentliche Thema dieser Darstellung ist, werden ihr einige knappe Bemerkungen zur Struktur des Platonischen Idealstaates vorangestellt, die für die Einordnung der Gleichnisse in den Gesamtzusammenhang unabdingbar sind. Das sechste Buch der Schrift, das auch die beiden Gleichnisse beinhaltet, ist dabei Gegenstand einer detaillierteren Betrachtung. Auf der Grundlage der von Platon entwickelten Staatsform und der Annahme einer Philosophenherrschaft werden dann die Gleichnisse untersucht.

---

[1] Sämtliche Angaben beziehen sich auf folgende Ausgabe: Platon: Politeia. In: Platon. Sämtliche Werke in vier Bänden. Übersetzt von Friedrich Scheiermacher. Auf Grundlage der Bearbeitung von Walter F. Otto, Ernesto Grassi und Gert Plamböck neu herausgegeben von Ursula Wolf. Bd.2: Lysis, Symposion, Phaidon, Kleitophon, Politeia, Phaidros. Reinbek: Rowohlt 1994. (= rowohlts enzyklopädie 55562).

Diese Arbeit legt die *Politeia*-Übersetzung Schleiermachers zugrunde und verwendet ausnahmslos die Terminologie dieser Übertragung.

2. Platons Staat: die Notwendigkeit der Philosophenherrschaft

Im ersten Buch der *Politeia* wirft Platon die Frage nach der universellen Gerechtigkeit auf. Um diese zu erlangen und langfristig zu erhalten, erscheint ihm eine bestimmte Form des Staates, die nicht der tatsächlichen entspricht, für notwendig.

2.1. Die Analogie von Seele und Staat

„Gerechtigkeit, sagen wir doch, findet sich an einem einzelnen Manne, findet sich aber auch an einer ganzen Stadt", heißt es zu Beginn der Betrachtung des Gerechten in der Politeia (368e). Zwischen Staat und Seele besteht laut Platon also eine Analogie.

Jedem Menschen im Staat kommt seinen Fähigkeiten entsprechend *eine* bestimmte Tätigkeit zu, die er für die Gemeinschaft zu verrichten hat, so betreibt beispielsweise der Bauer Ackerbau, um Nahrung für die Menschen zu beschaffen Platon scheidet die Gesellschaft in drei Stände, die unterschiedliche Aufgaben wahrnehmen. Der erste Stand ist der herrschende, der Stand der Philosophen[2]. Der zweite Stand ist der der Wächter, die den Staat beschützen und verteidigen sollen. Für die Erziehung der Wächter entwirft Platon ein umfangreiches ‚Erziehungsprogramm', das sowohl musische Bildung (Geschichten, Musik) als auch gymnastische Bildung (Sport, Kampfkunst, angemessene Ernährung) umfasst[3]. Dem dritten Stand, der unter anderem Handwerker, Handelsleute und Bauern umfasst, kommt die Versorgung der Menschen im Staat zu. Jedem der Stände ist dabei eine Tugend zugeordnet: Der herrschende Stand steht für die Weisheit, die Wächter verkörpern die Tapferkeit, der dritte Stand die Besonnenheit. In der Harmonie der drei Stände und dem Prinzip, dass „jeder das Seinige verrichtet" (433b) besteht nach Platon die Gerechtigkeit.

Die unsterbliche Seele[4] besteht ebenso aus drei Teilen, die gleichen Tugenden wie zuvor den Ständen des Staates werden nun diesen Seelenteilen zugeordnet. Dem

---

[2] Eine ausführliche Darstellung der Rolle des Philosophen im Staat findet sich in Kap. 2.2 dieser Arbeit.
[3] Vgl. 376e-412b. Eine nähere Untersuchung dieser Textpassage wird an dieser Stelle nicht geleistet, da sie für die Analyse der Gleichnisse nicht von prominenter Bedeutung ist.
[4] Vgl. dazu z.B. Phaidon, 105e-106d.

herrschenden Stand im Staat kommt die Weisheit zu, in Bezug auf die Seele wird sie der Vernunft zugerechnet. So wie die Tapferkeit im Staat mit dem Wächterstand zusammensteht, gehört sie mit dem Seelenteil des Mutes. Als dritten Teil der Seele versteht Platon die Begierde, das mit „Lüsten Befreundete" (439e). Sie korrespondiert mit dem dritten, versorgenden Stand im Staat. Die Tugend, die der Begierde zugeordnet wird, ist dementsprechend die Besonnenheit. Das Zusammenklingen der Seelenteile bedingt wie im Staat die Gerechtigkeit:

> „In Wahrheit aber war die Gerechtigkeit, wie sich zeigte, zwar etwas dieser Art, aber nicht an den äußeren Handlungen in bezug auf das, was dem Menschen gehört, sondern an der wahrhaft inneren Tätigkeit in Absicht auf das selbst und das Seinige, indem einer jegliches ihm nicht Fremdes verrichten läßt, noch die verschiedenen Kräfte seiner Selle sich gegenseitig in ihre Geschäfte einmischen, sonderm jeglichem sein wahrhaft Angehöriges beilegt und sich selbst beherrscht und ordnet und Freund seiner selbst ist und die drei in Zusammenstimmung bringt, ordentlich wie die drei Hauptglieder jedes Wohlklangs, den Grundton und den höchsten und den mittleren, und wenn noch etwas zwischen diesen liegt, auch dies alles verbindet und auf alle Weise *einer* wird aus vielen, besonnen und wohlgestimmt [...]."[5]

2.2. Der Philosoph als Staatslenker

Wer soll nun in Platons Staat zum herrschenden Stand gehören? Wer ist in der Lage, den beschriebenen Staat adäquat zu führen? In der *Politeia* wird diese Frage, im vorigen Kapitel bereits angedeutet, klar beantwortet: Nur der Philosoph kann eine solche Aufgabe erfüllen, denn er ist in der Lage, „das sich immer gleich und auf dieselbe Weise Verhaltende" (484a) zu fassen, und kann somit das gerechte Leben vom ungerechten unterscheiden. Daher kann er das Bestehende hüten, indem er die Gesetze und Bestrebungen des Staates aufrechterhält. Auch die Frage nach der Wesensbeschaffenheit des Philosophen wird klar beantwortet. Eine philosophische Natur liebt die Wahrheit und strebt nach ihr und der Weisheit, möglichst schon von Jugend an (485c), zudem soll sie maßvoll und besonnen, wissbegierig und gelehrig sein, ein gutes Gedächtnis haben, weder habsüchtig noch prahlerisch, sondern sittsam und edel sein. So beschaffen erweist er sich für Platon als der ideale Herrscher:

> „Kannst du wohl irgendwie ein solches Geschäft tadeln, dem sich niemals jemand gründlich widmen kann, wenn er nicht von Natur aus von gutem Gedächtnis ist, gelehrig, edelmütig, anmutig, der Wahrheit Freund und verwandt, so wie der Gerechtigkeit, der Tapferkeit und der Besonnenheit? [...] Und, sprach ich, solchen, wenn sie nun durch Erziehung und Alter vollendet sind, wolltest du nicht allein den Staat überlassen?"[6]

---

[5] 443c-d.
[6] 487a.

Der Einwand, dass selbst der vortrefflichste Philosoph untauglich für das politische Geschäft sei, wird zurückgewiesen und im Gegenzug die schwierige gesellschaftliche Situation des Philosophen angeprangert. Zum einen werde der Philosoph zu wenig geachtet, zum anderen gäbe es zu viele Menschen (und hier richtet sich die Kritik klar gegen die Sophisten), die sich den Titel des Philosophen anmaßen und somit der wahren Philosophie schaden:

> „Bei weitem aber die größte und gewaltigste Verleumdung hat die Philosophie zu leiden durch die, welche vorgeben, dergleichen zu betreiben und von denen du auch erwähntest, daß der die Philosophie Anklagende behaupte, die meisten, die sich mit ihr abgeben, würden ganz schlecht, und nur die ausgezeichnetsten bloß unnütz [...]?"[7]

Allerdings werde durch diese Negativbeispiele das Wesen des wahren Philosophen verdeutlicht.

Abgesehen von diesem Problem ist die philosophische Natur aber auch noch zahlreichen anderen Gefahren ausgesetzt. Sie kann durch schlechte Einflüsse, i.d.R. sinnliche Dinge, verdorben werden, so beispielsweise durch Schönheit, Reichtum, Leibesstärke oder auch angesehene Verwandtschaft im Staat (vgl. 491b-491c). Besonders die Masse der Menschen hat einen verderblichen Einfluss auf den Philosophen, denn „philosophisch [...] kann eine Menge unmöglich sein" (494a). Vor allem wenn jemand, wie verlangt, in allem Relevanten gebildet ist und dementsprechend in diesen Dingen stets der beste ist, läuft er Gefahr, von anderen Menschen, die auf ihren eigenen Vorteil bedacht sind, durch Lob oder Tadel manipuliert und für bestimmte Zwecke missbraucht zu werden. Die Position, die ihm somit zukommt, macht den Beeinflussten prahlerisch und verdirbt ihn.

Um sich diesen Gefahren bestmöglich zu entziehen, sieht Platon nur eine Möglichkeit: die Abkehr von der unphilosophischen Menge und ihrer „Torheit" (496c). Die Erziehung und Bildung der philosophischen Natur, die schon in Kindesalter beginnen soll, spielt dabei eine tragende Rolle. Schließlich entwickelt sich eine philosophische Natur abhängig von ihrer Erziehung entweder zum Guten oder zum Schlechten.

Hat ein so beschaffener Mensch nun eine angemessene Erziehung erhalten und ein entsprechendes Alter erreicht, eignet er sich laut Platon als Herrscher und vermag es, das öffentliche Leben und staatliche Einrichtungen bilden, indem er die innere Ordnung der Welt nachahmt:

> „Denn wer in der tat seine Gedanken auf das Seiende richtet, o Adeimantos, hat ja wohl nicht Zeit, hinunterzublicken auf das Treiben der Menschen und im Streit gegen sie sich mit Eifersucht und Widerwillen anzufüllen; dagegen auf Wohlgeordnetes und sich immer gleich Bleibendes schauend, was unter sich kein Unrecht tut oder leidet,

---

[7] 489d.

sondern nach Ordnung und Regel sich verhält, werden solche dieses nachahmen und sich nach dem Vermögen ähnlich bilden. [...] Der Philosoph also, der mit dem Göttlichen und Geregelten umgeht, wird auch geregelt und göttlich, soweit es nur den Menschen möglich ist. [...] glaubst du, er werde ein schlechter Bildner zur Besonnenheit und Gerechtigkeit und zu jeder volksmäßigen Tugend?"[8]

Platon selbst räumt ein, dass seine Idealvorstellungen des Staates nur schwer umzusetzen sei; doch betont er, dass es zumindest nicht unmöglich sei (502c).

3. Die Gleichnisse

An dieser Stelle fügt Platon die drei Gleichnisse in die *Politeia* ein. Sie stellen bildhaft die Rolle der Erkenntnis für den Menschen dar und zeigen gleichzeitig den möglichen Weg zum Erlangen der Erkenntnis auf. Das Sonnen- und Liniengleichnis bereiten dabei das Höhlengleichnis gewissermaßen vor, sie schaffen die Grundlagen für die Argumentation des letzteren.

3.1.. Die Idee des Guten als höchste Erkenntnis: das Sonnengleichnis

Als höchste Erkenntnis definiert Platon die Idee des Guten. Durch sie wird alles, was an ihr teilhat, z.B. das Gerechte, nützlich. Jede Seele verrichtet alles um des Guten willen:

> „Denn daß die Idee des Guten die größte Einsicht ist, hast du schon vielfältig gehört, als durch welche erst das Gerechte und alles, was sonst Gebrauch von ihr macht, nützlich uns heilsam wird. Und jetzt weißt du wohl gewiß, daß ich dies sagen will, und noch überdies, daß wir sie nicht hinreichend kennen; wenn wir sie aber nicht kennen, weißt du wohl, daß, wenn wir auch ohne sie alles andere noch so gut wüßten, es uns doch nicht hilft, wie auch nicht, wenn wir etwas hätten ohne das Gute. Oder meinst du, es helfe uns etwa, alle Habe zu haben, nur die gute nicht? Oder alles zu verstehen ohne das Gute, Schönes und Gutes nicht zu verstehen?"[9]

Die Verschiedenheit von ‚guten Dingen' und dem ‚Guten selbst' verdeutlicht Platon hier, indem er zwischen der Welt der Ideen und der Welt der Wahrnehmung unterscheidet. Die Welt der Ideen ist eine *gedachte* Welt der immateriellen, unveränderlichen, unvergänglichen Urbilder, deren Existenz unabhängig vom Menschen ist, so beispielsweise die Idee von ‚Tier' oder eben ‚das Gute'. Die Ideenwelt ist der Welt des Wahrnehmbaren übergeordnet, die durch *Sinnlichkeit* definiert ist; sie ist die Welt des Sehens, Hörens, Schmeckens, Riechens und Tastens. Ihre Gegenstände sind zwar nach der Idee geformt, so etwa ‚Katze, Schwein, Hund' (korrespondierend mit der Idee ‚Tier')

---

[8] 500c-500d.
[9] 505a.

6

oder ,viele gute Dinge' (korrespondierend mit der Idee ,das Gute selbst'), jedoch sind sie materiell, vergänglich, veränderlich und hängen von der menschlichen Wahrnehmung ab:

> „Vieles Schöne, sprach ich, und vieles Gute und alles dieses sonst nehmen wir doch an und bestimmen es uns durch Erklärung. […] Dann aber auch wieder das Schöne selbst und das Gute selbst und so auch alles, was wir vorher als vieles setzten, setzen wir als *eine* Idee eines jeden und nennen jedes <was ist>. […] Und von jenem vielen sagen wir, daß es gesehen werde, aber nicht gedacht; von den Ideen hingegen, daß sie gedacht werden, aber nicht gesehen."[10]

Auf Seiten des Wahrnehmbaren stellt Platon besonders den Gesichtssinn heraus (507c): Um zu sehen, reicht es nicht aus, dass der Mensch den Sehsinn besitzt und dass es ein sichtbares Ding gibt. Um tatsächlich sehen zu können bedarf es eines „dritten Wesens" (507d), eines Mittlers zwischen dem Sehenden und dem Sichtbaren. Als diesen Mittler sieht er das Licht in Form der Sonne an. Es ist zwar die Ursache des Sehens und ermöglicht dieses erst, aber es ist nicht das Sehen selbst.

Analog dazu verhält es sich laut Sonnengleichnis mit dem Guten: Es fungiert als Mittler zwischen dem Erkennenden und dem Erkennbaren. Das Gute verleiht dem Erkennenden die Möglichkeit zu erkennen und ist die Ursache der Erkenntnis, nicht aber die Erkenntnis selbst:

> „Wenn [die Seele] sich auf das heftet, woran Wahrheit und das Seiende glänzt; so bemerkt und erkennt sie es, und es zeigt sich, daß sie Vernunft hat. Wenn aber auf das mit Finsternis Gemischte; das Entstehende und Vergehende: so meint sie nur, und ihr Gesicht verdunkelt sich so, daß sie ihre Vorstellungen bald so und bald so herumwirft und wiederum aussieht, als ob sie keine Vernunft hätte."[11]

Des Weiteren verleiht, so Platon, die Sonne den sichtbaren Dingen auch das Werden und Wachsen; dennoch ist die Sonne nicht das Wachsen selbst. Ebenso verhält es sich mit dem Guten, das den erkennbaren Dingen ihr Sein und Wesen verleiht, ohne aber das Sein selbst zu sein:

> „Die Sonne […] verleihe dem Sichtbaren nicht nur das Vermögen, gesehen zu werden, sondern auch das Werden und Wachstum und Nahrung, unerachtet sie selbst nicht das Werden ist. […] Ebenso sage nun auch, daß dem Erkennbaren nicht nur das Erkanntwerden von dem Gute komme, sondern auch das Sein und Wesen habe es von ihm, obwohl das Gute selbst nicht das Sein ist, sondern noch über das Sein an Würde und Kraft hinausragt."[12]

---

[10] 507b.
[11] 508d.
[12] 509b.

Das Gute ist also etwas, das über dem Seienden steht; die Idee des Guten hat einen höheren Rang als die übrigen Ideen. Das Erkennbare *schlechthin* wird durch das Gute erkennbar.

3.2. Das Liniengleichnis

Im Liniengleichnis erläutert Platon die Bereiche, über die die Sonne bzw. das Gute herrschen: die Welt des Sichtbaren bzw. die Welt des Denkbaren. In dem Gleichnis wird ein hierarchisch organisiertes Modell entworfen, das die Methode zum Erlangen der höchsten Erkenntnis darstellt. Zunächst scheidet er zwischen dem Sichtbaren und dem Denkbaren (verglichen mit Linien, die eine Strecke trennen; daher auch der Name ‚Liniengleichnis').

Die Seite des Sichtbaren wiederum ist in das Unbestimmte und das Bestimmte geteilt, wobei Platon zu dem Unbestimmten Bilder, „Schatten, dann die Erscheinungen im Wasser und die sich auf allen dichten, glatten und glänzenden Flächen finden" (509e-510a) zählt, zu dem Bestimmten hingegen die Lebewesen und Gegenstände selbst. Die unbestimmten Dinge jedoch den bestimmten nachgebildet und somit Abbildungen derselben.

Ähnlich verhält es sich nach Platon im Bereich des Denkbaren, der ebenfalls in zwei Bereiche geschieden ist. So existiert als Denkbares sowohl das Vorstellbare, zu dem beispielsweise mathematische Gegenstände gehören, als auch das Erkennbare, nämlich die Idee. So wie die Schatten und Bilder Abbilder der Lebewesen und Gegenstände, sind die vorstellbaren Dinge den erkennbaren nachgebildet, also ist etwa ein mathematischer Gegenstand Abbild einer Idee.

Die im Liniengleichnis anfänglich unterschiedenen Bereiche sind also analog organisiert, allerdings ist der Bereich des Denkbaren dem des Sichtbaren übergeordnet. Das Modell ist hierarchisch aufgebaut, d.h. seine höchste Stufe (das Erkennbare) hat den höchsten Anteil an der Wahrheit, die niedrigste Stufe (das Unbestimmte) hingegen den geringsten Anteil. Zwar strebt Platon eine größtmögliche Trennung des Sichtbaren von dem Denkbaren, dennoch zeigt sich in seinen Ausführungen, dass eine vollständige Trennung nicht möglich ist:

> „Auch daß sie [die Mathematiker, d.Verf.] sich der sichtbaren Gestalten bedienen und
> immer auf diese ihre Reden beziehen, unerachtet sie nicht von diesen handeln, sondern
> von jenem, dem diese gleichen, und um des Vierecks selbst willen und seiner
> Diagonale ihren Beweis führen, nicht um dessen willen, welches sie zeichnen, und so
> auch sonst überall: dasjenige selbst, was sie nachbilden und abzeichnen, wovon auch
> Schatten und Bilder im Wasser gibt, dessen bedienen sie sich zwar als Bilder, sie

suchen aber immer jenes selbst zu erkennen, was man nicht anders sehen kann als mit dem Verständnis."[13]

Um das Vorstellbare zu erkennen, muss sich der Mensch der Einzelwissenschaften, d.h. den mathematischen Wissenschaften, bedienen, die. Das Mittel zur höheren Erkenntnis, also der der Ideen, ist für Platon die Dialektik. Er versteht sie als „Zugang und Anlauf" des Erkennens, das somit möglich ist, „ohne sich überhaupt irgendeines sinnlich Wahrnehmbaren zu bedienen" (511c). Dieses Charakteristikum ist es, dass die Dialektik von den übrigen Wissenschaften unterscheidet: Die Dialektik nutzt ausschließlich die Vernunft, um zu Erkenntnis zu gelangen, die mathematischen Wissenschaften hingegen den Verstand, den Platon als „etwas zwischen der bloßen Vorstellung und der Vernunfterkenntnis zwischeninne Liegendes" (511d).

Den zuvor unterschiedenen vier Bereichen Unbestimmtes, Bestimmtes, Vorstellbares und Erkennbares werden nun Seelenzustände zugeordnet: Die Unbestimmtheit korrespondiert mit der e??as?a (Vermutung bzw. Wahrscheinlichkeit), die Bestimmtheit mit der p?t?? (Glauben). Das Vorstellbare ist der d?????a (Verstandesgewissheit) zugeordnet, das Erkennbare der ???s?? (Vernunfteinsicht, 511d-e). Um diese Sachverhalte muss der Herrscher über den Staat wissen. Daher sind die Gleichnisse auch als erneute Rechtfertigung der Philosophenherrschaft zu sehen.

Trotz dieser Ausführungen bleibt die eigentliche Ursache aller Dinge, der Platonische Begriff des ,Guten', schwer zu fassen: Zwar wird er als das Vollkommene dargestellt, doch ist er nahezu inhaltslos; die Frage nach der Korrespondenz von sinnlichem Abbild und Allgemeinbegriff wird nicht geklärt.[14] Im Dialog selbst geht Sokrates auf die Nachfrage Glaukons nach dem Sonnengleichnis, der mehr über das Wesen des Guten und der Analogie von ihm und der Sonne erfahren will, nur bedingt ein (509c). Stattdessen folgt mit dem Liniengleichnis die nähere Bestimmung der Bereiche, über die die Sonne bzw. das Gute herrschen.

---

[13] 510d-510e.

[14] Auf dieses Problem verweisen zahlreiche Interpretationen und Kommentare, vgl. etwa Schubert: Platon. Der Staat. Kommentar. Paderborn, München, Wien, Zürich: Schöningh 1995. S. 116ff. oder Haag: Der Fortschritt in der Philosophie. Frankfurt a.M.: 1983. S. 21f.

		Ü
VERNUNFTEINSICHT (???s??) Methode: Dialektik --- **VERSTANDESGEWISSHEIT** **(d?????a)** Methode: einzelne Wissenschaften	**ERKENNBARES** Ideen *abgebildet ? als* --- **VORSTELLBARES** Mathematische Gegenstände DENKBARES	**B** **E** **R** **G** **E** **O** **R** **D** **N** **E** **T** **?**
GLAUBEN (p?st??) --- **WAHRSCHEINLICHKEIT** **(e??as?a)**	**BESTIMMTES (direkt** **wahrnehmbar)** Lebewesen und Gegenstände *abgebildet ? als* --- **UNBESTIMMTES (indirekt** **wahrnehmbar)** Bilder, Schatten, Spiegelbilder SICHTBARES	

Das Liniengleichnis

10

4. Schlussbemerkung

Platon bettet das Sonnen- und das Liniengleichnis, die die Möglichkeiten und Methoden menschlicher Erkenntnis thematisieren, bewusst als Untermauerung seiner Thesen in seine Staatslehre ein. Die in ihnen entwickelten Gedanken bilden die Grundlage für das Höhlengleichnis, das direkt anschließt (514a-519c). In diesem Zusammenhang führt Platon auch die Rolle der Dialektik für die Erkenntnis, die er am Ende des Liniengleichnisses bereits anspricht, sowie die aus den Überzeugungen resultierenden Konsequenzen für die Ausbildung des Philosophen, näher aus.

Literatur

Platon: Politeia. In: Platon. Sämtliche Werke in vier Bänden. Übersetzt von Friedrich Scheiermacher. Auf Grundlage der Bearbeitung von Walter F. Otto, Ernesto Grassi und Gert Plamböck neu herausgegeben von Ursula Wolf. Bd.2: Lysis, Symposion, Phaidon, Kleitophon, Politeia, Phaidros. Reinbek: Rowohlt 1994. (= rowohlts enzyklopädie 55562). S. 195-539.

Platon: Phaidon. In: Platon. Sämtliche Werke in vier Bänden. Übersetzt von Friedrich Scheiermacher. Auf Grundlage der Bearbeitung von Walter F. Otto, Ernesto Grassi und Gert Plamböck neu herausgegeben von Ursula Wolf. Bd.2: Lysis, Symposion, Phaidon, Kleitophon, Politeia, Phaidros. Reinbek: Rowohlt 1994. (= rowohlts enzyklopädie 55562). S.103-184.

Haag, Karl Heinz: Der Fortschritt in der Philosophie. Frankfurt a.M.: 1983. S. 15-25.

Schubert, Andreas: Platon. Der Staat. Kommentar. Paderborn, München, Wien, Zürich: Schöningh 1995. (= UTB 1866).